Inhalt

Zerfall der KirchMedia

Kernthesen

Beitrag

Fallbeispiele

Weiterführende Literatur

Impressum

Zerfall der KirchMedia

M.Sydow

Kernthesen

- KirchMedia hat Insolvenz angemeldet die gesamten Verbindlichkeiten belaufen sich auf über 6 Milliarden Euro. (7)
- Eine wesentliche Ursache der Insolvenz liegt offenbar in teuer eingekauften Lizenzen für Sport und Spielfilme. (7)
- Eine Zerschlagung der KirchMedia ist ungewiss an Anteilen sind aber auch ausländische Investoren interessiert. (1), (10), (12)

Beitrag

Das Kirch-Imperium steht vor dem Zerfall. Seit dem 22. Februar 2002 ist das Trio mit Wolfgang van

Betteray, Hans-Joachim Ziems und Hubert Görg mit der Sanierung des Konzerns beauftragt gewesen, die Insolvenz konnte jedoch nicht abgewendet werden.

Am 8. April 2002 musste die KirchMedia Insolvenz anmelden. Es folgte am 8. Mai als zweite Sparte die Kirch Pay-TV. Premiere soll aber vorerst ohne Einschränkung weiterlaufen. Die Insolvenz von Kirch Pay-TV könnte bewirken, Premiere von finanziellen Risiken zu befreien und die Attraktivität für neue Investoren zu erhöhen. Inzwischen steht offenbar mit der Taurus Holding auch die Dachgesellschaft der Kirch-Gruppe kurz vor der Insolvenz, nachdem der britische Sender BSkyB seine Verkaufsoption auf seine Beteiligung an der Kirch Pay-TV ausübt.

Der ehemalige Medienzar Leo Kirch scheint als Berater erhalten zu bleiben. Amtlich eingesetzter Insolvenzverwalter von KirchMedia ist der junge Münchner Rechtsanwalt Michael Jaffé. Die Geschäftsführer der KirchMedia sind nun Betteray und Ziems. Zusätzlich wurde von Seiten der Sanierer die Unternehmensberatung Roland Berger & Partner beauftragt Kostensenkungspotentiale zu analysieren und ein Sanierungskonzept vorzulegen. (2), (5), (11), (14), (15), (16)

Hintergrund

Als ein Hauptproblem erweist sich der defizitäre Pay-TV-Sender Premiere. Für diesen Sender wurden kostspielige Lizenzrechte für Sport und Spielfilme gekauft. Der Sender hat jedoch seit seiner Markteinführung keine Gewinne gemacht, wodurch die teuren Lizenzrechte besonders stark ins Gewicht fielen.

Problematisch ist das Pay-TV-Geschäft in Deutschland auch deswegen, weil viele Haushalte einen Kabelanschluss besitzen und zudem auch die frei empfangbaren Sender eine Vielzahl von Programmen anbieten, welche qualitativ hohe Ansprüche erfüllen können. Bisher waren weniger Zuschauer als erwartet bereit, das Preismodell von Premiere zu akzeptieren.

Ein weiteres Problem ist das Scheitern des erhofften Marktzugangs von Premiere über das Digitale Fernsehen. Der Digital Decoder von Leo Kirch bietet nämlich nur eingeschränkte Funktionalität in Bezug auf Interaktivität im digitalen Fernsehen. Außerdem kann mit diesem Gerät das digitale Fernsehprogramm der öffentlich-rechtlichen Sender nicht empfangen werden.

Entscheidend für die Zukunft sind daher eine größere Unterstützung von Interaktivität, keine Diskriminierung anderer Anbieter sowie eine andere Preisstruktur mit niedrigeren Abonnement- und Decodergebühren, dafür aber möglicherweise etwas höheren Gebühren für besondere Einzelangebote.

Georg Kofler soll als neuer CEO den Bezahlsender führen. Die Grundzüge seiner angekündigten Strategie sind eine Verbesserung des Marketing, mehr Übersichtlichkeit im Programmangebot und die Veräußerung des Technikgeschäfts. Die Sanierung des Firmengeflechts erscheint jedoch schwieriger als erwartet. (5), (7)

Gläubiger-Banken

Die Rolle der Banken bezüglich der Insolvenz ist umstritten. Offenbar erschwerte aber die Komplexitiät der Kirch-Gruppe, sich ein genaues Bild über die wirtschaftliche Lage des Unternehmens zu verschaffen. (6)

Die Höhe der Verbindlichkeiten beläuft sich derzeit auf 6,5 Milliarden Euro der größte Insolvenzfall in der deutschen Wirtschaftsgeschichte. Allein der Bayerischen Landesbank werden noch über 2

Milliarden Euro geschuldet. Diese und die anderen entscheidenden Gläubiger-Banken wie die Commerzbank, die DZ-Bank und die HypoVereinsbank wollen allerdings eine Zerschlagung des Unternehmens vermeiden. Dafür werden 800 Millionen Euro als Überbrückungskredit bereitgestellt. Die Hoffnung der Banken liegt einerseits in dem geplanten Verkauf der 25%-Beteiligung am spanischen Sender Telecino sowie der ProSieben-Nachrichtenagentur ddp. (6), (7)

Internationaler Wettbewerb

In Deutschland ist der Axel Springer Verlag der einzige Gegner von Rupert Murdochs News Corp. und Silvio Berlusconis Fininvest im Poker um die Anteil an der KirchMedia. Besonderes Interesse gilt der großen Filmbibliothek Kirchs und verschiedenen Lizenzen für Formel 1 und die Deutsche Bundesliga. Wer als Sieger in dieser Schlacht hervorgeht, ist allerdings ungewiss. Murdoch hatte noch im letzten Oktober einen Anteil von 2,48 % an KirchMedia übernommen. Berlusconis eigener Aussage zufolge hat er sich selbst aus der Fininvest zurückgezogen dies liegt allerdings noch im Unklaren. Faktum ist, dass der Springer-Verlag offenbar neben dem bisherigen Anteil von 11,5 % an ProSiebenSat.1 eine verstärkte TV-Beteiligung als

Ergänzung zu den bisherigen Sparten Print und Media im Auge hat. (1), (7), (10), (12)

Fußball-Übertragungsrechte

Die Deutsche Fußball-Liga (DFL), in der 36 Profidubs der 1. und 2. Liga vertreten sind, hat für die zukünftige Gestaltung der TV-Raten für Bundesliga-Übertragungen noch keine Gewissheit. Laut Vertrag muss die KirchMedia 360 Millionen Euro für die Saison 2001/2002 an die DFL zahlen. Da die meisten Clubs mit diesen Einnahmen oft bis zu 50 Prozent ihrer Ausgaben decken, könnten manche von ihnen in Zahlungsschwierigkeiten geraten. Die finanziellen Details für die nächste Saison sind unklar. Es wird erwogen, bis zu 75 Mio. Euro weniger zu zahlen. Andere private und öffentliche Sender wie ARD, ZDF und RTL sind wohl nicht bereit, eine vergleichbar hohe Summe zu bieten. (2), (4), (16)

Fallbeispiele

Im Falle einer mehrheitlichen Übernahme der

KirchMedia müssen die Fernseh-Frequenzen nicht neu ausgeschrieben werden. Die Veränderungen liegen nämlich bei KirchMedia und nicht bei den Sendern. (8)

Beteiligungen österreichischer Banken an Kirch-Finanzierungen werden keine dramatischen Folgen haben, da sie gut besichert sind. (9)

Der Sendebetrieb von ProSieben, Sat. 1, Kabel 1 und N24 wird durch das Insolvenzverfahren der KirchMedia nicht beeinträchtigt werden. (7)

Dem Einkauf von Filmen lag der Kalkulation von Premiere eine Annahme von vier Millionen Abonnenten zugrunde, obwohl Premiere bisher nur 2,4 Millionen Kunden gewinnen konnte. (14)

Weiterführende Literatur

(1) Man soll den Tag nicht vor der Morgenröte loben
aus Frankfurter Allgemeine Zeitung, 16.04.2002, Nr. 88, S. 48

(2) Deckstein, Dinah / Tuma, Thomas, Cobra, übernehmen Sie? Das Geschacher um das Kirch-Imperium, Der Spiegel, 15.04.2002, S. 100
aus Frankfurter Allgemeine Zeitung, 16.04.2002, Nr. 88, S. 48

(3) Hofmann, Nico, Reinigendes Gewitter, Der Spiegel, 15.04.2002, S. 98
aus Frankfurter Allgemeine Zeitung, 16.04.2002, Nr. 88, S. 48

(4) Fußballer bangen weiter um Kirch-Zahlungen, Bonner General-Anzeiger, 22.04.2002, S. 19
aus Frankfurter Allgemeine Zeitung, 16.04.2002, Nr. 88, S. 48

(5) Kirchs Holding steht vor der Insolvenz Gang zum Amtsrichter ist nur noch eine Frage von Tagen · Bemühungen um Rettung von Premiere unter hohem Zeitdruck
aus FTD Financial Times Deutschland vom 10.05.2002, Seite 5

(6) Die Banken fanden bei Kirch nicht zu einer gemeinsamen Linie
aus Frankfurter Allgemeine Zeitung, 09.04.2002, Nr. 82, S. 16

(7) Das Ende einer Legende
aus werben & verkaufen Nr. 15 vom 12.04.2002 Seite 025

(8) Kirch-Krise: Warten auf die Insolvenz Verhandlungen in Los Angeles und München ohne Ergebnis, medien aktuell, 08.04.2002, S. 14
aus werben & verkaufen Nr. 15 vom 12.04.2002 Seite 025

(9) Auch Austro-Banken sind wegen Kirch-Pleite besorgt Deutsche Fussball-Klubs bangen bei Kirch-Pleite um 200 Mio. €
aus WirtschaftsBlatt, 05.04.2002, Nr. 1596, S. B4

(10) Keine Angst vor ausländischen Investoren im Medienmarkt
aus werben & verkaufen Nr. 15 vom 12.04.2002 Seite 028

(11) Roland Berger stößt zu Kirch-Sanierern. „Unternehmen als Ganzes erhalten und tragfähige Strukturen schaffen", medien aktuell, 11.04.2002, S. 11
aus werben & verkaufen Nr. 15 vom 12.04.2002 Seite 028

(12) Kirch-Invasoren vor den Toren Das Imperium zerfällt - ein Insolvenzantrag für Premiere oder gar den Gesamtkonzern steht für diese Woche im Raum
aus WirtschaftsBlatt, 11.04.2002, Nr. 1600, S. A26

(13) Die Vertreibung aus dem Paradies
aus HORIZONT 15 vom 11.04.2002 Seite 037

(14) KirchGruppe bröckelt weiter - Premiere-Mutter KirchPayTV meldet Insolvenz an - Weiter auf Sendung, Allgemeine Zeitung, Mainz Verlags-Gruppe Rhein-Main, 09.05.2002
aus HORIZONT 15 vom 11.04.2002 Seite 037

(15) Kirch Pay-TV meldet Insolvenz an Schritt soll Premiere für Investoren attraktiver machen ·

Murdoch verliert Druckmittel
aus FTD Financial Times Deutschland vom 08.05.2002, Seite 1

(16) Ehrensberger, Wolfgang, Kirch Media und Premiere bieten den Fußballvereinen neuen Vertrag an - Dachgesellschaft Taurus vor der Insolvenz - Weniger Geld für die Bundesliga, Die Welt, Jg. 52, 14.05.2002, Nr. 110, S. 30
aus FTD Financial Times Deutschland vom 08.05.2002, Seite 1

(17) Die Kirch-Pleite zieht in der Medienbranche Kreise
aus Frankfurter Allgemeine Zeitung, 09.04.2002, Nr. 82, S. 16

(18) Lange Schatten auf dem Medienstandort München
aus Frankfurter Allgemeine Zeitung, 09.04.2002, Nr. 82, S. 16

Impressum

Zerfall der KirchMedia

Bibliografische Information der deutschen Nationalbibliothek

Die Deutsche Nationalbibliothek verzeichnet diese Publikation in der deutschen Nationalbibliografie; detaillierte bibliografische Daten sind im Internet über http://dnb.d-nb.de abrufbar.

ISBN: 978-3-7379-1175-7

© 2015 GBI-Genios Deutsche Wirtschaftsdatenbank GmbH, Freischützstraße 96, 81927 München, www.genios.de

Alle Rechte vorbehalten. Dieses Werk ist einschließlich aller seiner Teile – z.B. Texte, Tabellen und Grafiken - urheberrechtlich geschützt. Jede Verwertung außerhalb der Grenzen des Urheberrechtsgesetzes bedarf der vorherigen Zustimmung des Verlags. Dies gilt insbesondere auch für auszugsweise Nachdrucke, fotomechanische Vervielfältigungen (Fotokopie/Mikroskopie), Übersetzungen, Auswertungen durch Datenbanken oder ähnliche Einrichtungen und die Einspeicherung und Verarbeitung in elektronischen Systemen.